PETIT ATLAS

DE

GÉOGRAPHIE GÉNÉRALE

A L'USAGE DES COMMENÇANTS

PAR J. L. SANIS

CHEVALIER DE LA LÉGION D'HONNEUR,

PROFESSEUR DE GÉOGRAPHIE AU LYCÉE DU PRINCE IMPÉRIAL, AUX COLLÈGES ROLLIN, STANISLAS, SAINTE-BARBE

ET DANS LES GRANDES ÉCOLES PRÉPARATOIRES.

Troisième édition.

PARIS

BAZIN ET GIRARDOT, ÉDITEURS

RUE SAINT-JACQUES, 17.

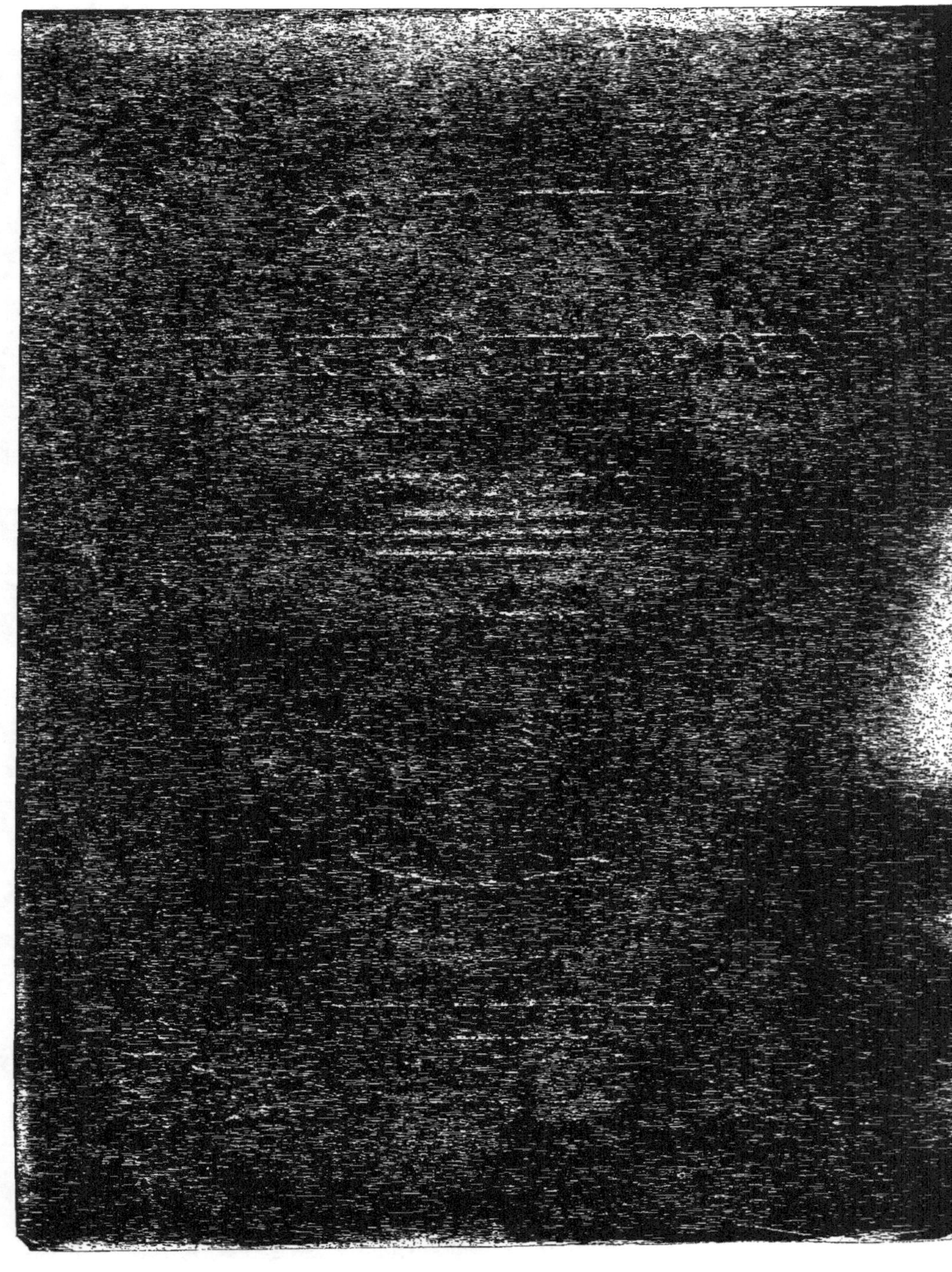

PETIT ATLAS

DE

GÉOGRAPHIE GÉNÉRALE

RENFERMANT

UNE NOTICE SUIVIE DE LA DÉFINITION DES PRINCIPAUX TERMES DE LA GÉOGRAPHIE

ET SEPT CARTES COLORIÉES AVEC TEXTE EN REGARD

1 MAPPEMONDE

2 EUROPE	5 AMÉRIQUE
3 ASIE	6 FRANCE
4 AFRIQUE	7 OCÉANIE

A L'USAGE DES COMMENÇANTS

PAR J. L. SANIS

CHEVALIER DE LA LÉGION D'HONNEUR

PROFESSEUR DE GÉOGRAPHIE AU LYCÉE DU PRINCE IMPÉRIAL, AUX COLLÉGES ROLLIN, STANISLAS, SAINTE-BARBE

ET DANS LES GRANDES ÉCOLES PRÉPARATOIRES.

Experientia docet.

Troisième édition.

PARIS

BAZIN ET GIRARDOT, ÉDITEURS

RUE SAINT-JACQUES, 174

1867

GÉOGRAPHIE.

La géographie est une science qui a pour objet la description de la terre. On la divise en deux parties, savoir : la géographie *physique* ou *naturelle,* et la géographie *politique*. La géographie *physique* décrit la terre telle que Dieu l'a créée. Elle comprend les mers, les golfes, les détroits, les continents, les îles, les chaînes de montagnes, les fleuves et les rivières. La géographie *politique* considère la terre comme séjour de l'homme. Elle décrit tout ce que l'homme a établi sur la terre, comme les États, les villes, les routes, les ponts, les canaux, les chemins de fer et les monuments de tout genre.

La terre, qui a la forme ronde comme un globe ou une boule, tourne sur elle-même dans l'espace de vingt-quatre heures. Ce mouvement de rotation produit le *jour* et la *nuit*. Elle voyage aussi autour du soleil dans l'espace de trois cent soixante-cinq jours. Ce second mouvement, qu'on appelle mouvement de translation, produit l'*année*.

DÉFINITION DES PRINCIPAUX TERMES DE LA GÉOGRAPHIE.

OCÉAN OU MER. On appelle *océan* ou *mer,* la masse d'eau salée qui couvre les deux tiers de la surface de la terre.

GOLFE. Un *golfe* est un enfoncement de la mer dans les terres.

BAIE. Une *baie* est un petit golfe.

DÉTROIT. Un *détroit* est une partie de mer resserrée entre deux terres.

CAP OU PROMONTOIRE. Un *cap* ou *promontoire* est une pointe de terre élevée qui s'avance dans la mer.

RADE. Une *rade* est une portion de mer où les vaisseaux sont à l'abri de certains vents.

PORT. Un *port* est une autre portion de mer où les vaisseaux sont à l'abri des tempêtes.

CONTINENT. Un *continent* est une grande terre entourée par la mer.

ILE. Une *île* est une terre entourée d'eau de tous côtés, plus petite que le continent.

ARCHIPEL. Un *archipel* est un groupe d'îles rapprochées les unes des autres, qui couvre une grande étendue de mer.

PRESQU'ILE. Une *presqu'île* est une portion de terre entourée d'eau de tous côtés, excepté par un seul endroit.

ISTHME. Un *isthme* est une langue de terre qui joint une presqu'île à un continent ou à une autre presqu'île.

MONTAGNE. Une *montagne* est une grande élévation de terre.

Chaine de montagnes. Une *chaîne de montagnes* est une suite de montagnes qui se touchent par la base et se prolongent à une grande distance.

Volcan. Un *volcan* est une montagne qui vomit des matières embrasées par une ouverture qu'on nomme cratère.

Colline. Une *colline* est une élévation de terre plus petite qu'une montagne.

Plaine. Une *plaine* est une grande surface de terre unie et sans pentes sensibles.

Plateau. Un *plateau* est une terre élevée entourée de montagnes, ou le sommet d'une colline qui a une surface unie.

Vallée. Une *vallée* est un enfoncement prolongé entre deux chaînes de montagnes ou entre des collines.

Landes. Les *landes* sont des terres sablonneuses et stériles.

Désert. Un *désert* est un grand espace de terre couvert de sables, sans montagnes et sans eau.

Oasis. Une *oasis* est une espèce d'île au milieu d'un désert, pourvue de ruisseaux et d'une riche végétation.

Fleuve. Un *fleuve* est un grand cours d'eau qui conserve son nom jusqu'à son entrée dans la mer.

Rivière. Une *rivière* est un cours d'eau moins important que le fleuve et qui finit dans la mer, dans un fleuve ou dans une autre rivière.

Ruisseau. Un *ruisseau* est un petit cours d'eau qui finit dans un fleuve ou dans une rivière.

Source. Une *source* est l'endroit où un cours d'eau commence à couler sur la surface de la terre.

Rive droite. On appelle rive droite le côté droit de la personne qui descend le courant d'un fleuve ou d'une rivière.

Rive gauche. La *rive gauche* est le côté opposé à la rive droite.

Lac. Un *lac* est un grand amas d'eau dormante.

Confluent. Un *confluent* est l'endroit où deux eaux courantes se réunissent.

Canal. Un *canal* est une rivière creusée par main d'homme pour établir une communication d'un lieu à un autre.

Versant. Les terres qui ont leur pente tournée du côté d'une mer forment le *versant* de cette mer et en prennent le nom.

Bassin. Toutes les terres qui envoient leurs eaux dans un fleuve forment le *bassin* de ce fleuve et en prennent le nom.

État. On appelle État un espace de terre habité par des hommes qui vivent sous un même gouvernement.

Nation. Les hommes d'un État qui parlent la même langue et qui ont les mêmes croyances forment une nation.

POINTS CARDINAUX.

Pour apprendre à connaître la situation relative des différents lieux de la terre, on se sert de quatre points cardinaux ou principaux. Ce sont : l'*est*, qui est le côté où le soleil se lève; l'*ouest*, qui est le côté où le soleil se couche; le *sud*, qui est la direction du soleil lorsqu'il est midi, et le *nord*, qui est opposé au sud.

MAPPEMONDE.

On appelle mappemonde la représentation de la terre divisée en deux hémisphères.

Équateur. L'équateur est une ligne imaginaire qui divise la terre en deux hémisphères, l'un au nord et l'autre au sud.

Tropiques et Cercles polaires. Les tropiques et les cercles polaires sont d'autres lignes imaginaires qui divisent la terre en parties inégales et qui établissent la limite des zones brûlantes, tempérées et glaciales.

Pôles. On appelle pôles les extrémités d'une ligne imaginaire qui passe par le centre de la terre et sur laquelle le globe tourne comme sur un essieu.

GRANDES DIVISIONS DE L'OCÉAN.

On divise l'Océan ou la mer en cinq grandes parties, savoir : l'*océan Atlantique*, le *grand Océan* ou *océan Pacifique*, l'*océan Indien* ou *mer des Indes*, l'*océan Glacial arctique*, et l'*océan Glacial antarctique*.

1° L'océan Atlantique baigne les côtes occidentales de l'Europe et de l'Afrique, et les côtes orientales de l'Amérique;

2° Le grand Océan baigne les côtes orientales de l'Asie et les côtes occidentales de l'Amérique;

3° L'océan Indien baigne les côtes orientales de l'Afrique et les côtes méridionales de l'Asie;

4° L'océan Glacial arctique est au nord de l'ancien et du nouveau continent;

5° L'océan Glacial antarctique occupe la région du pôle sud.

CONTINENTS.

Il y a trois continents : l'ancien, qui comprend l'Asie, l'Europe et l'Afrique; le nouveau continent (Amérique), ainsi nommé parce qu'on ne le connaît que depuis le quinzième siècle, et l'Australie ou Nouvelle-Hollande.

GRANDES DIVISIONS DES TERRES.

On divise les terres en cinq parties qu'on appelle les cinq parties du monde, savoir : l'*Europe*, l'*Asie*, l'*Afrique*, l'*Amérique* et l'*Océanie*.

1° *Europe*. L'Europe, la plus petite, occupe la partie occidentale de l'ancien continent;

2° L'*Asie*, la plus grande, occupe la partie orientale;

3° L'*Afrique* tient à l'Asie par l'isthme de Suez;

4° L'*Amérique*, qui se compose de deux grandes presqu'îles que réunit l'isthme de Panama;

5° L'*Océanie*, qui se compose de l'Australie et de toutes les îles et archipels qui l'entourent et qui sont répandus dans le grand Océan ou océan Pacifique.

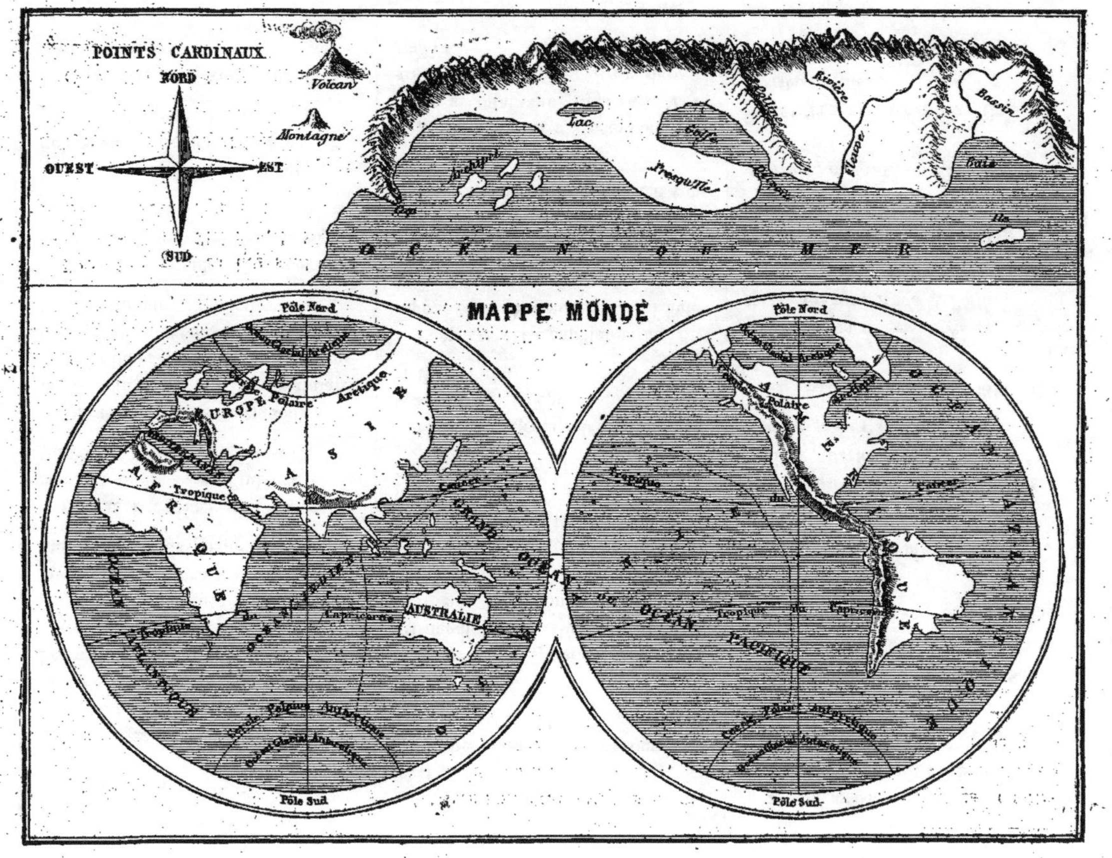

POINTS CARDINAUX
NORD
OUEST
EST
SUD
Volcan
Montagne
Rivière
Fleuve
Bassin
Baie
Île
Lac
Golfe
Presqu'île
Archipel
Cap
OCÉAN ou MER
MAPPE MONDE
Pôle Nord
Pôle Sud
EUROPE
ASIE
AFRIQUE
AUSTRALIE
AMÉRIQUE
Cercle Polaire Arctique
Tropique du Cancer
Tropique du Capricorne
Cercle Polaire Antarctique
Océan Glacial Antarctique
Océan Atlantique
Océan Pacifique
Océan Indien

EUROPE PHYSIQUE.

Mers. Les mers qui baignent l'Europe sont : l'océan Glacial arctique, la mer Blanche, la mer du Nord, l'océan Atlantique, les mers de la Manche et d'Irlande, la Méditerranée, les mers Adriatique, Ionienne, de l'Archipel, de Marmara, mer Noire, mer d'Azof et Caspienne.

Golfes. Les principaux golfes sont : ceux de Bothnie, de Finlande et de Gascogne.

Détroits. Les détroits sont : les détroits du Sund, du Pas-de-Calais, de Gibraltar, de Messine, de Bonifacio, d'Otrante, des Dardanelles, de Constantinople, d'Iénikalé.

Iles. Les grandes îles sont : la Grande-Bretagne, l'Irlande, la Sicile, la Corse, la Sardaigne et Candie.

Presqu'iles. Les trois grandes presqu'îles sont : Suède et Norvége, Espagne et Portugal, Italie.

Caps. Les caps Nord, Saint-Vincent et Matapan.

Chaînes de montagnes. Les Alpes, les Pyrénées, les monts Ourals, les Carpathes, les monts Balkans, les Vosges, le Jura, les Cévennes, l'Apennin, etc.

Fleuves. Les grands fleuves sont : le Guadalquivir, la Guadiana, le Tage, le Duero, la Garonne, la Seine, le Rhin, l'Elbe, l'Oder, la Vistule, le Niémen, la Dwina, la Néva, la Dwina du nord, l'Oural, le Volga, le Dniéper, le Danube, le Pô, le Rhône et l'Èbre.

Lacs. Les grands lacs sont : les lacs Ladoga, Onéga, Saïma, Wener et Weter, etc.

Population. La population de l'Europe s'élève à deux cent soixante-quinze millions.

DIVISIONS POLITIQUES.

L'Europe se divise en seize contrées principales, savoir :

1° Royaume uni d'Angleterre, d'Écosse et d'Irlande. Capitales, *Londres*, sur la Tamise ; *Édimbourg* et *Dublin.*

2° Danemark. Capitale, *Copenhague*, sur le détroit du Sund.

3° Suède et Norvége. Capitales, *Stockholm, Christiania.*

4° Empire russe. Capitales, *Saint-Pétersbourg, Moscou, Varsovie.*

5° Empire français. Capitale, *Paris*, sur la Seine.

6° Belgique. Capitale, *Bruxelles.*

7° Hollande. Capitale, *la Haye.*

8° Prusse et Allemagne du Nord, Capitale, *Berlin.*

9° Suisse. Capitale, *Berne.*

10° Allemagne du Sud. Ville principale, *Munich.*

11° Autriche et Hongrie. Capitales, *Vienne, Bude et Pesth.*

12° Espagne. Capitale, *Madrid.*

13° Portugal. Capitale, *Lisbonne.*

14° Royaume d'Italie. Capitale, *Florence* ; et États du Pape. Capitale, *Rome.*

15° Turquie d'Europe. Capitale, *Constantinople.*

16° Grèce. Capitale, *Athènes.*

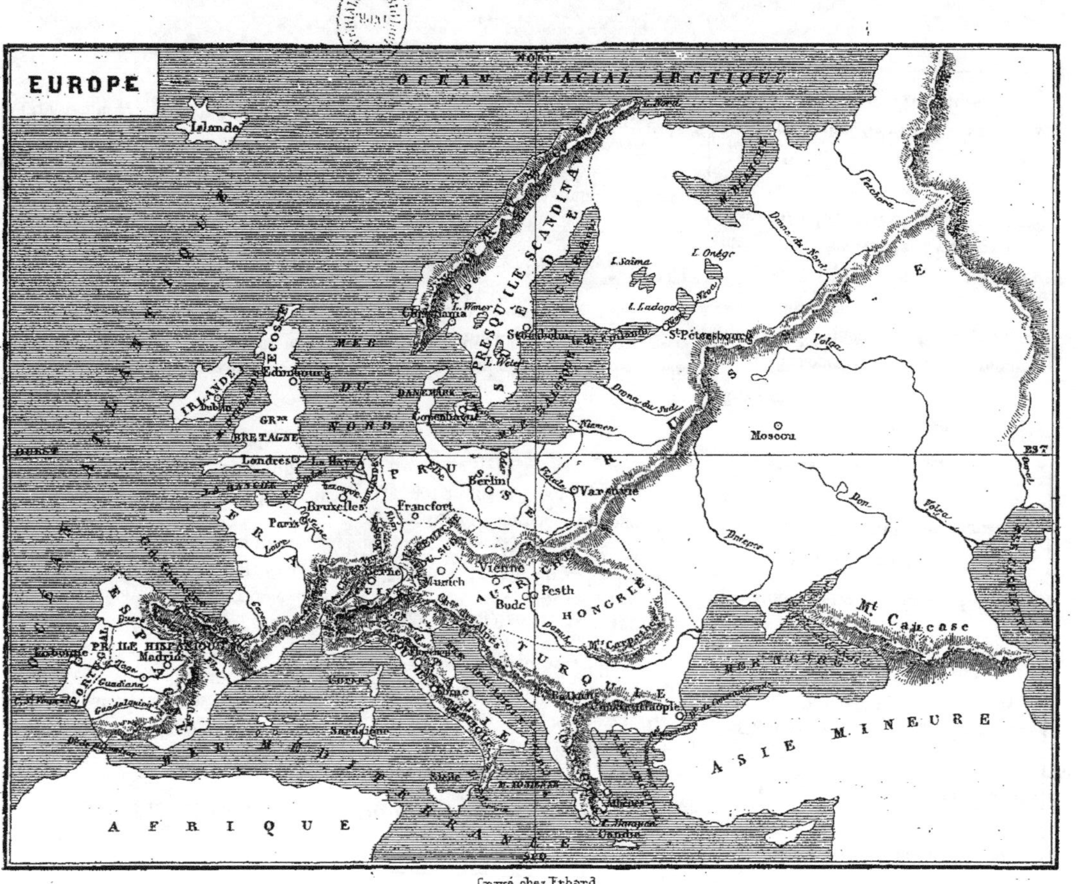

EUROPE
OCÉAN GLACIAL ARCTIQUE
Islande
PRESQU'ÎLE SCANDINAVE
Christiania
L. Wener
L. Wetel
Stockholm
L. Saïma
L. Onège
L. Ladoga
St Pétersbourg
Moscou
Volga
Don
Dnieper
Petchora
Dwina du Nord
Drina du Sud
Niemen
MER BLANCHE
MER BALTIQUE
DANEMARK
Copenhague
MER DU NORD
IRLANDE
Dublin
ÉCOSSE
Édimbourg
Grde BRETAGNE
Londres
La Haye
PRUSSE
Berlin
Varsovie
Bruxelles
Francfort
Paris
Loire
FRANCE
AUTRICHE
Vienne
Munich
Budc
Pesth
HONGRIE
Mts Carpathes
TURQUIE
Danube
ESPAGNE
ÎLE HISPANIQUE
Madrid
Lisbonne
PORTUGAL
Guadiana
Guadalquivir
Duero
Corse
Sardaigne
MER MÉDITERRANÉE
Constantinople
Athènes
Sicile
Mt Caucase
ASIE MINEURE
MER CASPIENNE
MER NOIRE
AFRIQUE
NORD
SUD
EST
OUEST
Gravé chez Erhard

ASIE PHYSIQUE.

MERS. Les mers qui baignent l'Asie sont : L'océan Glacial arctique, le grand Océan, la mer de Behring, les mers d'Okhotsk, du Japon, la mer Jaune, la mer Bleue, la mer de la Chine, l'océan Indien, la mer d'Oman, la mer Rouge, la Méditerranée, les mers de l'Archipel et de Marmara, la mer Noire et la mer Caspienne.

GOLFES. Les principaux golfes sont ceux de l'Obi, d'Anadyr, de Tchili, du Tonkin, de Siam, de Bengale, et le golfe Persique.

DÉTROITS. Les détroits sont ceux de Behring, de Malacca, de Palk, d'Ormuz, de Bab-el-Mandeb, des Dardanelles et de Constantinople.

ILES. Les grandes îles sont : Niphon, Formose, Ceylan et Chypre.

PRESQU'ILES. Les presqu'îles sont : l'Anatolie, l'Arabie, l'Hindoustan, l'Indo-Chine, la Corée et le Kamtschatka.

CAPS. Le cap Sévéro, le cap Oriental, le cap Lopatka, les caps Romania, Comorin et Ras-el-Had.

CHAINES DE MONTAGNES. Monts Ourals, Altaï, Jablonoï, Stanovoï, Célestes, Bolor, Himalaya, de Perse, monts Taurus, Caucase, Liban.

LACS. Aral, Baïkal, Asphaltite.

FLEUVES. L'Obi, l'Irtisch, Ieniseï, Angura, Lena, Amour, fleuve Jaune, fleuve Bleu, Cambodje, Gange, Indus, Euphrate et Tigre.

ASIE POLITIQUE.

L'*Asie*, qui possède environ six cents millions d'habitants, est divisée en quatorze contrées.

RUSSIE D'ASIE. Capitales, *Tobolsk* et *Tiflis*.

EMPIRE CHINOIS. Capitale, *Pékin*; ville remarquable, *Canton*.

EMPIRE DU JAPON. Capitale, *Védo*, sur la côte orientale de l'île Niphon.

ROYAUME D'ANNAM, OU DE COCHINCHINE. Capitale, *Huë*.

ROYAUME DE SIAM. Capitale, *Bangkok*.

L'EMPIRE DES BIRMANS. Capitale, *Ava*, sur l'Iraouaddi.

L'HINDOUSTAN. Capitale, *Calcutta*, sur le Gange.

BELOUTCHISTAN. Capitale, *Kelat*.

AFGHANISTAN. Capitale, *Caboul*.

LE TURKESTAN. Ville remarquable, *Khiva*.

LA PERSE. Capitale, *Téhéran*.

L'ARABIE. Ville remarquable, *la Mecque*.

LA TURQUIE D'ASIE. Villes remarquables, Damas, et Jérusalem, la ville sainte des Chrétiens.

NOTA. La France possède les villes de *Pondichéry* et de *Chandernagor* dans l'Hindoustan, et la ville de *Saïgon*, dans l'Indo-Chine.

Le Portugal possède une colonie qui a pour chef-lieu Goa, situé sur la côte occidentale de l'Hindoustan, etc.

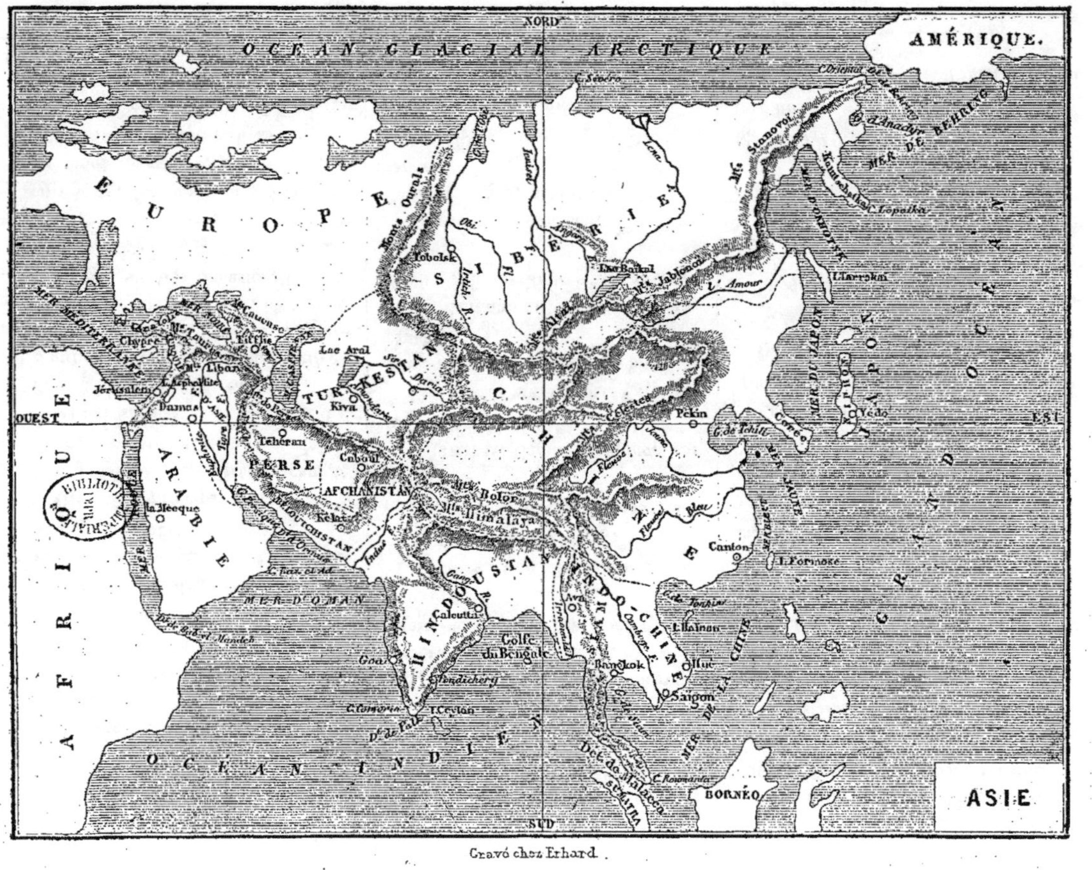

Gravé chez Erhard.

AFRIQUE PHYSIQUE.

Mers. Les mers qui baignent l'Afrique sont la Méditerranée, l'océan Atlantique, l'océan Indien ou mer des Indes, et la mer Rouge.

Golfes. Golfes de Cabès, de la Sydre et de Guinée.

Détroits. Le détroit de Gibraltar, le canal de Mozambique et le détroit de Bab-el-Mandeb.

Caps. Les principaux caps sont : le cap Bon, le cap Vert, le cap de Bonne-Espérance et le cap Guardafui.

Iles et Archipels. Ile Socotora, les îles Séchelles, les îles Comores, l'île Bourbon, l'île de France ou Maurice, l'île Sainte-Hélène, l'Ascension, Fernando-Pô, l'île du Prince, les îles du cap Vert, les îles Canaries, les îles Madère et les îles Açores.

Chaines de montagnes. La chaîne de l'Atlas, les montagnes de Kong, les monts Niewevel, les monts Lupata et les monts de l'Abyssinie.

Fleuves : Le Nil, le Sénégal, la Gambie, le Zaïre, l'Orange et le Zambèze.

Lacs. Les lacs Tchad, Maravi et Dembéa.

AFRIQUE POLITIQUE.

Les vingt contrées de l'Afrique renferment une population d'environ quatre-vingts à cent millions d'habitants; ce sont :

L'Égypte : Capitale, *le Caire*, près de la rive droite du Nil.

La Nubie. Capitale, *Sennaar*, sur le Nil bleu.

L'Abyssinie. Capitale, *Gondar*, sur le lac Dembéa.

La Régence de Tripoli. Capitale, *Tripoli*, sur les bords de la Méditerranée.

La Régence de Tunis. Capitale, *Tunis*, ville maritime située près du cap Bon.

L'Algérie, possession française. Capitale, *Alger*, port sur la Méditerranée.

L'Empire du Maroc. Capitale, *Maroc*, située dans l'intérieur.

Le Sahara. Ville remarquable, *Agably*, située au milieu du grand Désert.

La Nigritie ou Soudan. Ville remarquable, *Tombouctou*, près du fleuve Niger.

La Sénégambie. Villes remarquables, *Saint-Louis* et *Sainte-Marie de Bathurst*.

La Guinée septentrionale. Ville remarquable, *Coumassie*.

La Guinée méridionale. Ville remarquable, *Banza*, ou *San-Salvador*.

La Cimbébasie et la Hottentotie, qui ne possèdent aucune ville remarquable.

Colonie du Cap, aux Anglais. Ville remarquable, *le Cap*.

Cafrerie. Ville remarquable, *Zimbaoë*.

Le Mozambique. Ville remarquable, *Sofala*.

Le Zanguebar. Ville remarquable, *Zanzibar*.

La Cote d'Ajan. Ville remarquable, *Zeilah*, située à l'entrée de la mer Rouge.

Madagascar. Capitale, *Tananarive*, au centre de l'île.

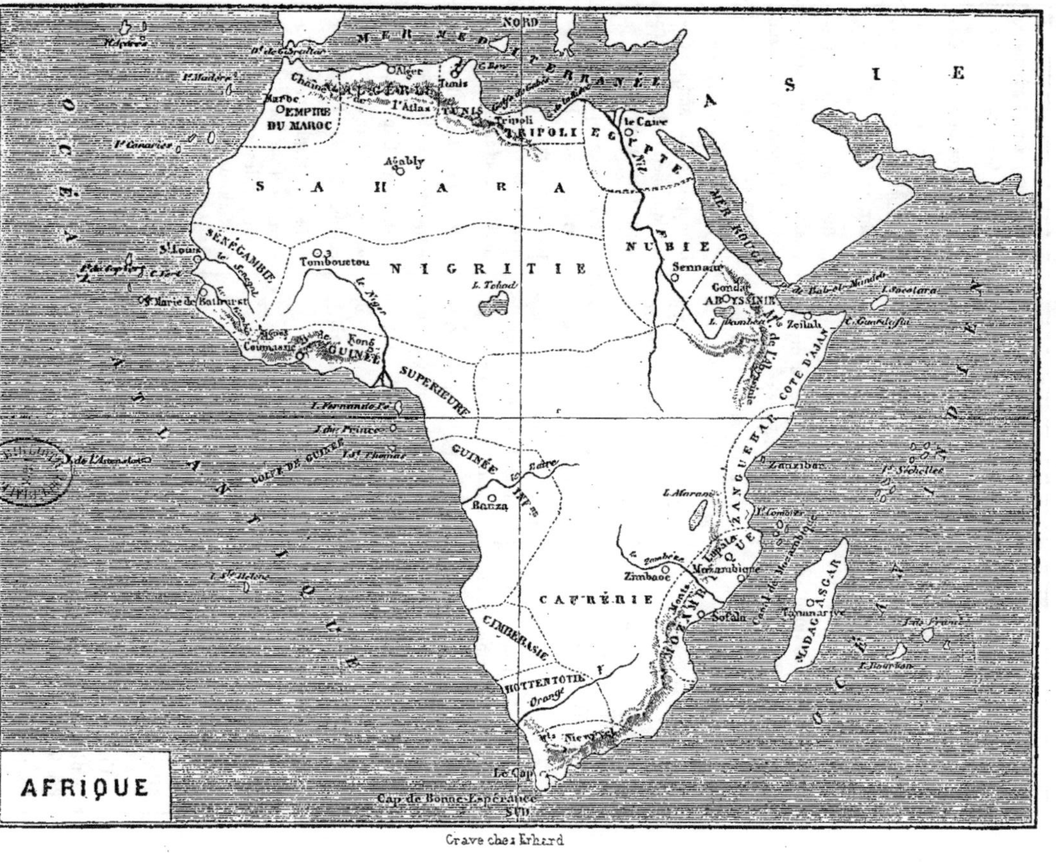

AFRIQUE
NORD
SUD
MER MÉDITERRANÉE
ASIE
OCÉAN ATLANTIQUE
OCÉAN INDIEN
MER ROUGE
EMPIRE DU MAROC
Maroc
Chaîne de l'Atlas
ALGÉRIE
TUNIS
TRIPOLI
ÉGYPTE
SAHARA
Agably
NIGRITIE
NUBIE
ABYSSINIE
SÉNÉGAMBIE
GUINÉE
SUPÉRIEURE
GOLFE DE GUINÉE
GUINÉE INF.
CÔTE D'AJAN
ZANGUEBAR
MOZAMBIQUE
CAFRÉRIE
CIMBEBASIE
HOTTENTOTIE
MADAGASCAR
Tombouctou
Sennaar
Gondar
Zeilah
le Caire
Tunis
Tripoli
Alger
le Nil
le Sénégal
le Niger
L. Tchad
Zaire
Banza
Zimbaoc
Mozambique
Sofala
Zanzibar
le Cap
Cap de Bonne-Espérance
St Louis
Ste Marie de Bathurst
Commassie
Fong
I. Fernando Po
I. du Prince
I. St Thomas
I. de l'Ascension
I. Ste Hélène
I. Madère
I. Canaries
Dt de Gibraltar
L. Dembea
Dt de Bab-el-Mandeb
I. Socotora
I. Comores
I. Seychelles
I. Bourbon
L. Marani
Tananarive
Orange
Grave chez Erhard

AMÉRIQUE PHYSIQUE.

MERS. Océan Glacial arctique, mer d'Hudson, mer de Baffin, océan Atlantique, mer des Antilles, grand Océan et mer de Behring.

GOLFES. Du Mexique, de Honduras, de Panama et de Californie.

DÉTROITS. De Davis, de Magellan et de Behring.

PRESQU'ILES. De Labrador, de Nouvelle-Écosse, de Floride, de Yucatan et de Californie.

ILES et ARCHIPELS. Terre-Neuve, les Bermudes, les Lucayes, Cuba, Haïti, Porto-Rico, la Jamaïque, les petites Antilles, les Malouines, la Terre de feu, le Groënland.

CAPS. Farewell, Catoche, Saint-Roch, cap Horn.

CHAINES DE MONTAGNES. La Cordillère des Andes, les monts Rocheux, les monts Alleghany.

FLEUVES. Le Mackensie, le Saint-Laurent, le Mississipi, l'Orénoque, l'Amazone, le Rio de la Plata.

LACS. Supérieur, Huron, Michigan, Érié et Ontario, qui forment le Saint-Laurent.

AMÉRIQUE POLITIQUE.

L'Amérique possède environ soixante millions d'habitants et se divise en dix-huit contrées, savoir :

AMÉRIQUE RUSSE. Chef-lieu, *la Nouvelle-Arkhangel.*

NOUVELLE-BRETAGNE. Villes remarquables, Québec, Montréal, Halifax.

ÉTATS-UNIS. Capitale, *Washington;* villes remarquables, New-York, Philadelphie, Boston, la Nouvelle-Orléans, San-Francisco.

MEXIQUE. Capitale, *Mexico;* ville remarquable, *Vera-Cruz.*

AMÉRIQUE CENTRALE. Ville remarquable, *Guatemala.*

GRANDES ANTILLES :

CUBA. Chef-lieu, *la Havane.*

HAÏTI. Capitales, *Port-au-Prince, Saint-Domingue.*

NOUVELLE-GRENADE. Capitale, *Santa-Fé de Bogota.* Ville remarquable, Panama.

RÉPUBLIQUE DE L'ÉQUATEUR. Capitale, *Quito.*

RÉPUBLIQUE DE VENEZUELA. Capitale, *Caracas.*

RÉPUBLIQUE DU PÉROU. Capitale, *Lima.*

RÉPUBLIQUE DE BOLIVIE. Capitale, *la Plata.*

RÉPUBLIQUE DU CHILI. Capitale, *Santiago;* ville remarquable, Valparaiso, port sur l'océan Pacifique.

PATAGONIE. La Patagonie occupe la partie sud de l'Amérique méridionale; elle n'a aucun lieu remarquable.

RÉPUBLIQUE ARGENTINE ou ÉTATS-UNIS DE LA PLATA. Capitale, *Parana;* ville remarquable, Buenos-Ayres, bon port sur l'océan Atlantique.

PARAGUAY. Capitale, *l'Assomption,* dans l'intérieur.

URUGUAY. Capitale, *Montevideo,* port sur la rive gauche du Rio de la Plata.

BRÉSIL. Capitale, *Rio-Janeiro,* port sur l'océan Atlantique; villes remarquables, San-Salvador et Fernambouc.

GUYANE FRANÇAISE. Chef-lieu, *Cayenne.*

GUYANE HOLLANDAISE. Chef-lieu, *Paramaribo.*

GUYANE ANGLAISE. Capitale, *Georgetown.*

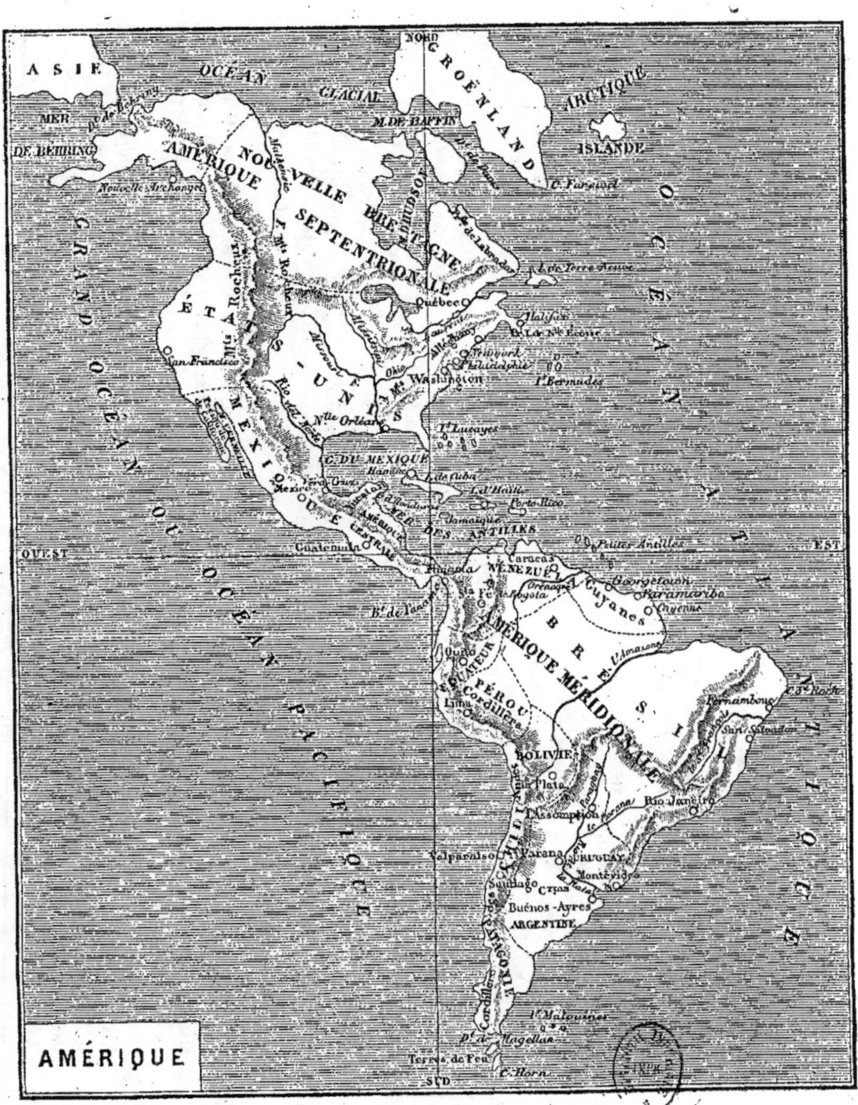

AMÉRIQUE

Gravé chez Erhard.

FRANCE.

La France est une des grandes contrées occidentales de l'Europe, baignée par les mers du Nord, de la Manche, l'océan Atlantique et la Méditerranée. Ses grands bassins sont ceux du Rhin, de la Seine, de la Loire, de la Garonne et du Rhône, et ses principales chaînes, les Pyrénées, les Cévennes, les Vosges, le Jura, les Alpes et les monts d'Auvergne. Elle est divisée politiquement en quatre-vingt-neuf départements.

DÉPARTEMENTS
CHEFS-LIEUX.

HAUT-RHIN, Colmar.
BAS-RHIN, Strasbourg.
VOSGES, Épinal.
MEURTHE, Nancy.
MOSELLE, Metz.
MEUSE, Bar-le-Duc.
ARDENNES, Mézières.
NORD, Lille.
PAS-DE-CALAIS, Arras.
SOMME, Amiens.

OISE, Beauvais.
AISNE, Laon.
MARNE, Châlons.
HAUTE-MARNE, Chaumont.
AUBE, Troyes.
YONNE, Auxerre.
SEINE-ET-MARNE, Melun.
SEINE, Paris.
SEINE-ET-OISE, Versailles.
EURE-ET-LOIR, Chartres.
EURE, Évreux.
SEINE-INFÉRIEURE, Rouen.
CALVADOS, Caen.
ORNE, Alençon.
MANCHE, Saint-Lô.
ILLE-ET-VILAINE, Rennes.
LOIRE-INFÉRIEURE, Nantes.
CÔTES-DU-NORD, Saint-Brieuc.
FINISTÈRE, Quimper.
MORBIHAN, Vannes.
MAINE-ET-LOIRE, Angers.
MAYENNE, Laval.
SARTHE, le Mans.
INDRE-ET-LOIRE, Tours.
LOIR-ET-CHER, Blois.
LOIRET, Orléans.
NIÈVRE, Nevers.
LOIRE, Saint-Étienne.

HAUTE-LOIRE, le Puy.
PUY-DE-DÔME, Clermont-Ferrand.
ALLIER, Moulins.
CHER, Bourges.
INDRE, Châteauroux.
CREUSE, Guéret.
HAUTE-VIENNE, Limoges.
VIENNE, Poitiers.
VENDÉE, Napoléon-Vendée.
DEUX-SÈVRES, Niort.
CHARENTE, Angoulême.
CHARENTE-INFÉRIEURE, la Rochelle.
GIRONDE, Bordeaux.
DORDOGNE, Périgueux.
CORRÈZE, Tulle.
CANTAL, Aurillac.
LOT, Cahors.
LOT-ET-GARONNE, Agen.
LANDES, Mont-de-Marsan.
BASSES-PYRÉNÉES, Pau.
HAUTES-PYRÉNÉES, Tarbes.
GERS, Auch.
TARN-ET-GARONNE, Montauban.
AVEYRON, Rodez.
LOZÈRE, Mende.

TARN, Alby.
HAUTE-GARONNE, Toulouse.
ARIÉGE, Foix.
PYRÉNÉES-ORIENTALES, Perpignan.
AUDE, Carcassonne.
HÉRAULT, Montpellier.
GARD, Nîmes.
ARDÈCHE, Privas.
RHÔNE, Lyon.
SAÔNE-ET-LOIRE, Mâcon.
CÔTE-D'OR, Dijon.
HAUTE-SAÔNE, Vesoul.
DOUBS, Besançon.
JURA, Lons-le-Saulnier.
AIN, Bourg.
HAUTE-SAVOIE, Annecy.
SAVOIE, Chambéry.
ISÈRE, Grenoble.
DRÔME, Valence.
HAUTES-ALPES, Gap.
BASSES-ALPES, Digne.
VAUCLUSE, Avignon.
BOUCHES-DU-RHÔNE, Marseille.
VAR, Draguignan.
ALPES-MARITIMES, Nice.
CORSE, Ajaccio.

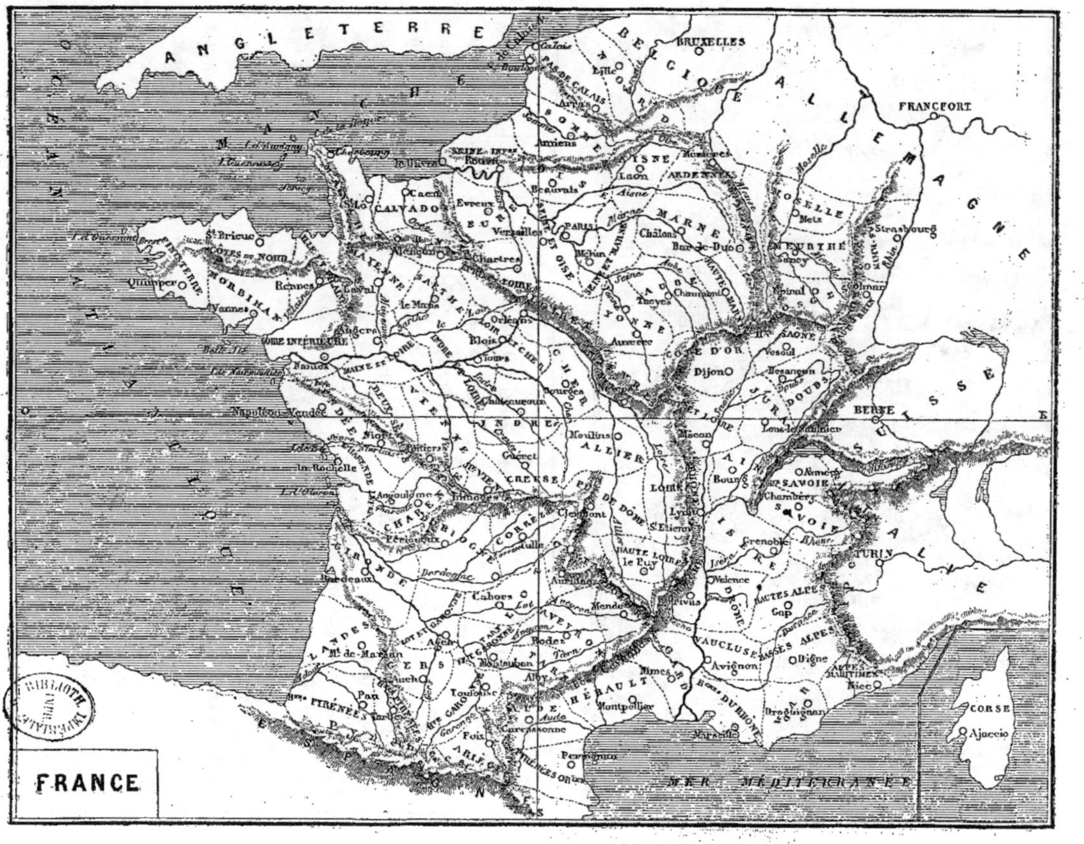

FRANCE
ANGLETERRE
BELGIQUE
BRUXELLES
ALLEMAGNE
FRANCFORT
SUISSE
BERNE
ITALIE
TURIN
CORSE
Ajaccio
MER MÉDITERRANÉE
OCÉAN ATLANTIQUE
MANCHE
PAS DE CALAIS
NORD
Calais
Lille
Boulogne
SOMME
Amiens
AISNE
Laon
ARDENNES
MOSELLE
Metz
MEURTHE
Nancy
Strasbourg
BAS-RHIN
Colmar
Épinal
VOSGES
SEINE INFRE
Rouen
Le Havre
OISE
Beauvais
EURE
Évreux
SEINE ET OISE
Versailles
PARIS
MARNE
Châlons
AUBE
Troyes
HTE MARNE
Chaumont
Bar-le-Duc
SEINE ET MARNE
Melun
HTE SAÔNE
Vesoul
Besançon
DOUBS
JURA
Lons-le-Saunier
CALVADOS
Caen
St-Lô
ORNE
Alençon
MANCHE
CÔTES DU NORD
St-Brieuc
FINISTÈRE
Quimper
MORBIHAN
Vannes
ILLE ET VILAINE
Rennes
MAYENNE
Laval
SARTHE
Le Mans
EURE ET LOIR
Chartres
LOIRET
Orléans
LOIR ET CHER
Blois
YONNE
Auxerre
CÔTE D'OR
Dijon
LOIRE INFRE
Nantes
MAINE ET LOIRE
Angers
INDRE ET LOIRE
Tours
CHER
Bourges
NIÈVRE
INDRE
Châteauroux
VENDÉE
Napoléon-Vendée
DEUX SÈVRES
Niort
VIENNE
Poitiers
HTE VIENNE
CREUSE
Guéret
ALLIER
Moulins
SAÔNE ET LOIRE
Mâcon
AIN
Bourg
HTE SAVOIE
Annecy
SAVOIE
Chambéry
ISÈRE
Grenoble
CHARENTE INFRE
La Rochelle
CHARENTE
Angoulême
DORDOGNE
Périgueux
CORRÈZE
Tulle
PUY DE DÔME
Clermont
LOIRE
St-Étienne
RHÔNE
Lyon
HTE LOIRE
le Puy
DRÔME
Valence
HAUTES ALPES
Gap
GIRONDE
Bordeaux
LOT
Cahors
AVEYRON
Rodez
CANTAL
Aurillac
LOZÈRE
Mende
ARDÈCHE
Privas
VAUCLUSE
Avignon
BASSES ALPES
Digne
ALPES MARITIMES
Nice
VAR
Draguignan
BCHES DU RHÔNE
Marseille
LANDES
Mt-de-Marsan
GERS
Auch
LOT ET GARONNE
Agen
TARN ET GARONNE
Montauban
TARN
Alby
HÉRAULT
Montpellier
GARD
Nîmes
BSES PYRÉNÉES
Pau
HTES PYRÉNÉES
Tarbes
HTE GARONNE
Toulouse
AUDE
Carcassonne
ARIÈGE
Foix
PYRÉNÉES ORLES
Perpignan
ESPAGNE

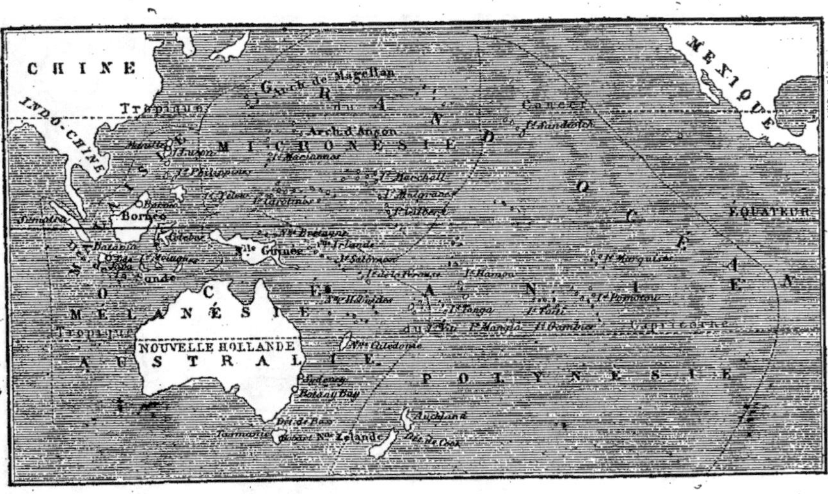

OCÉANIE.

On divise l'Océanie en quatre parties :

La MALAISIE, qui comprend les *Philippines*, chef-lieu Manille, aux Espagnols ; les îles de la *Sonde*, chef-lieu Java, aux Hollandais ; *Bornéo*, les îles *Célèbes* et les *Moluques*.

La MÉLANÉSIE, qui comprend l'*Australie*, chef-lieu Sidney, et la *Tasmanie*, chef-lieu Hobart-Town, aux Anglais ; la *Nouvelle-Calédonie*, à la France ; les archipels de la *Nouvelle-Bretagne*, de l'*Amirauté*, de la *Nouvelle-Irlande*, de *Salomon*, de la *Nouvelle-Guinée*, de *la Pérouse*, de la *Louisiade* et des *Nouvelles-Hébrides*.

La MICRONÉSIE, dont les principaux archipels sont ceux de *Magellan*, des *Mariannes*, des *Pélew*, des *Carolines*, d'*Anson*, de *Gilbert*, et les îles *Mulgraves*.

POLYNÉSIE. Les archipels de la Polynésie sont : les îles *Sandwich*, des *Navigateurs* ou *Hamoa*, les îles *Tonga* ou des *Amis*, les îles de *Cook*, l'archipel des *îles Basses* ou *Pomotou*, l'archipel de *Nouka-hiva* ou îles *Marquises*, qui appartiennent à la France ; les îles de la *Société* ou *Taïti*, et les îles *Gambier* ; l'archipel de la *Nouvelle-Zélande*, chef-lieu Auchland, aux Anglais.

PARIS. TYPOGRAPHIE DE HENRI PLON, IMPRIMEUR DE L'EMPEREUR, RUE GARANCIÈRE, 8.

OUVRAGES DU MÊME AUTEUR

Petite Encyclopédie destinée à l'enseignement primaire catholique. Grand in-8°. . . . » fr. 50

MÉTHODE NORMALE DES TRACÉS.

PREMIÈRE PARTIE

COMPRENANT :

1° Une Introduction et 19 Tracés gradués de géographie générale, coloriés, avec texte en regard. Un volume in-4° oblong. . . . . 2 fr. »

2° Premier Cahier, partie de l'élève, 19 textes du Cahier du maître et une page en blanc. Pour chaque carte . . 0 fr. 45

3° Feuilles détachées. La collection en noir . . . . 0 fr. 90

La même collection, bien coloriée. . . . . 1 fr. 30

4° Cartes de la partie du maître, noires et cartonnées. . . . . 1 fr. »

Les mêmes, coloriées et cartonnées. . . . . 1 fr. 50

DEUXIÈME PARTIE

COMPRENANT :

Une Introduction et 24 Cartes de la France, coloriées, avec texte en regard. Un volume in-4° oblong . . . . 2 fr. 75

Nota. Cet ouvrage, unique dans son genre, est destiné à l'enseignement de tous les degrés. Il est indispensable à toutes les personnes qui désirent connaître d'une manière solide et substantielle la géographie de la France et les immenses richesses qu'elle possède dans les trois règnes.

Cours normal de géographie générale. Livre-atlas in-4° oblong . . . . 1 fr. 75

Petite Géographie générale. In-18. . . . . » fr. 60

Petite Géographie de la France. In-18. . . . . » fr. 60

Leçons de Géographie. In-12. . 1 fr. 50

Géographie physique et politique de la France. In-12. . 1 fr. 50

Carte multiple de l'Empire français, en 9 feuilles coloriées. . . . . 9 fr. »

La même, montée. . . . . . 18 fr. »

Carte murale de l'Europe, en feuilles coloriées. . . . . . 5 fr. »

La même, montée. . . . . . 10 fr. »

Carte murale de la France, en feuilles coloriées. . . . . . 5 fr. »

La même, montée. . . . . . 10 fr. »

Carte des États-Unis et du Mexique. 6 feuilles coloriées. 10 fr. »

La même, montée. . . . . . 22 fr. »

OUVRAGES EN COLLABORATION

AVEC M. DELALLEAU, ANCIEN RECTEUR.

1° Cours normal d'Histoire de France. Livre-atlas.

2° Cours normal d'Histoire sainte. Livre-atlas.

3° Cours normal d'Histoire ancienne. Livre-atlas.

4° Cours normal d'Histoire grecque. Livre-atlas.

PARIS. TYPOGRAPHIE DE HENRI PLON, IMPRIMEUR DE L'EMPEREUR, RUE GARANCIÈRE, 8.